シリーズ・女の幸せを求めて
生長の家『白鳩』体験手記選①

家族の喜び

日本教文社編

日本教文社

目次

装幀　松下晴美

編者はしがき

この「シリーズ・女の幸せを求めて　生長の家『白鳩』体験手記選」は、生長の家にふれて、幸せを得た女性の体験を紹介する、小社刊行の『白鳩』誌の「体験手記」をテーマ別に精選編纂したものです。本書中の年齢・職業・役職等は同誌に掲載された当時のもので、手記の初出年月はそれぞれの末尾に明記してあります。

シリーズ第一巻の本書は、生長の家の教えを学ぶ中で、家族が生き生きと喜びにあふれる生活を送るにいたった家庭を紹介します。さまざまな問題をかかえながらも、家族が助けあい、生かしあって暮らす様子を、母として、妻として、嫁として明るく生きる女性の手記を通して綴ります。家族であることの喜び、家族と共に生きる喜びを伝える一冊です。

日本教文社第二編集部

六人の子どもたちから愛をもらって…

群馬県桐生市　桑原《くわばら》はつ子《こ》（42歳）

子どもは福を持って生まれてくる

授《さず》かった小さないのちが、無事誕生し、元気いっぱいお乳を飲んでいる、その顔を見るときのこの上ない喜びは、きっと母親であるどなたにもご経験があるでしょうが、私は、そんな幸せを、六回もかみしめさせていただきました。

六番目の神の子をこの手に抱いたのは、今から七年前。お父さんと、四人のお兄ちゃん、一人のお姉ちゃんに見守られて、安心しきって眠る五男を見るたびに、〝ああ、神さま、ありがとうございます！〟と祈らずにはいられませんでした。この子がお腹に宿ったとわかったときの、あの大きな戸惑《とまど》いの心が、信じられないような気持ちです。

私は二十一歳で、一つ年上の主人と結婚し、それからすぐに、長男、次男、三男と、年子で三人の男の子に恵まれました。子どもが大好きだったので、ただただ嬉《うれ》しいばかり。

「子どもというのは、必ず福を持って生まれてくるものだから、どんなに多くても決して困るようなことはない。大丈夫」

いつもそう言っていた母のもとで育ちましたので、自然にまかせ、何の心配もしていませんでした。

東京のアパートから、今の群馬県桐生市の家に引っ越したのは、長男が四歳の頃でした。今思えば、このことにも不思議なご縁を感じます。生長の家と出合うことになったのは、引っ越して間もなくだったからです。

私はご近所の小さなお子さんを預かって、自分の子と一緒に遊んだりしていました。そんなお子さんのお母さんの一人に、生長の家の母親教室*という、お母さんたちの集まりがあるから来てみませんか、と誘っていただいたのです。子どもも連れていけるということで、私は楽しみにして出かけました。

そこで初めて、人間は神の子で、神のいのちを宿したすばらしい存在である、ということを教えていただいたのです。そして、神さまから授かる子どもたちは、それぞれに

六人の子どもたちから愛をもらって…

左から五男・典夫君、四男・忠史君、はつ子さん、長女・光代さん

個性をもち、この世で果たすべき使命を持って、類似の波長を持つ、自分にふさわしい親のところに誕生してくるのだ、と教えられました。子どもは、なにものにも替えることのできない宝であると……。

そのみ教えは、子どもたちと暮らす喜びを、さらに深めてくれるものでした。

六番目の子を身籠《みごも》ったとき

長男、次男、三男がそれぞれ小学校三年、二年、一年になったときに、わが家に初めての女の子が誕生しました。ちょっと年の離れた妹を、三人のお兄ちゃんたちは大喜びで可愛《かわい》がり、一年生の三男は、しょっちゅうおんぶをしてあやしていました。そして、そんな中、私は五人目の子を身籠ったのです。

子どもができる喜びは、たしかに主人も私も同じです。ただ、どこのご家庭でもそうでしょうが、一家の柱である主人には、経済的な面でも家族を守っていかなければならないという責任感があります。五人の子どもを幸せにできるだろうか、という主人の不安を思うと、私は赤ちゃんができたことをなかなか言い出せずにいました。

六ヵ月になり、思い切って告げたとき、さすがに最初は驚いたようでしたが、しかし、主人も私と同じ頃に生長の家にふれ、子どものすばらしさはよく知っていたので、「授かりものだもの、大事に育てよう」と喜んでくれました。そして無事、四男が誕生。小さな妹と弟の元気な泣き声が、お兄ちゃんたちの責任感、協調性、思いやりをも、しっかり育てていきました。

それから四年後。私たち夫婦は、また一人の神の子を授かることになったのです。こんなに幸せなことはないと思うと同時に、現実が目の前におおいかぶさってきました。経済的な問題がないと言えば、嘘《うそ》になります。心優しい主人にどう報告しよう…と、そればかりを考え続けました。

生まれてから、どなたか子どもを欲しがっているご夫婦に預けたら、その子も幸せになるんじゃないか、というお話もありました。本当にそうなのだろうか…？　思い悩み、私は、生長の家の群馬教区教化部長*の島崎忠雄先生に相談することにしたのです。

「六人も授かるなんて、すばらしいことじゃないですか！」

まず先生の力強い言葉が、私をパアッと明るくしてくれました。そして、

「いいですか。お腹をいくら痛めて生んだ子どもでも、人に渡してしまえば、その子は、あなたのことを決して〝お母さん〟とは呼んでくれないんですよ」

わが子が、〝お母さん〟と呼んでくれない、それほどつらいことがあるでしょうか。想像するだけでも胸が痛み、涙が出てきます。人に渡す話をチラとでも思い浮かべた自分は、どうかしていたとしか思えませんでした。

主人にも、一緒に練成会*に参加してもらい、島崎先生から伝えていただくことになりました。先生の言葉を聞いて、「よし、何とかがんばろうよ!」と微笑《ほほえ》んでくれた主人の顔を見たとき、私は手を合わせて感謝したい気持ちでいっぱいでした。

六人から愛を教えられて

六人の子どもたちは、みな、小さなうちから生長の家の真理にふれて育ちました。私は、子どもたちを育てたというよりも、逆にさまざまなことを教えられ、育てられてきたと思うことがたくさんあります。

何も言わなくても、上の子は下の子に勉強やスポーツを教え、夕食の支度も必ず誰かがすすんで手伝ってくれました。学校へ持っていく雑巾《ぞうきん》を縫うのも、それぞれ小さいうちから自分でやっているので、私よりずっと上手な子もいます。

いま思えば、長男が兄弟六人の家事の役割分担を決めて指示し、とりまとめていたようです。何か悩みがあっても、兄弟同士で相談し合い解決していたり、兄が弟に言い聞かせたりしたこともあったようです。ですから私と主人は、よくマスコミでいわれるような子どもたちの問題に、頭を悩ませたことが一度もありません。それよりも、あまりにも愛を教えられることの方が多かったのです。

たとえば、うちで可愛がっていた〝ルナ〟という犬が病気になったことがありました。病院に連れて行く子。動けないのがかわいそうだと言い、二十キロもあるルナを抱きかかえて散歩道を歩く子。自分の洋服をかけて添い寝する子。学校から戻ると、それぞれが今日一日のことをルナに話しかけて…。

しかし、とうとうルナは逝《い》ってしまいました。泣く妹や弟に、

「ルナは天国に行ったんだよ。そこには、ルナの友達がたくさんいるからね」

と、墓を作り、花を飾りながら、言い聞かせている兄たち。

兄弟が一つになって、六倍の光で輝いているのを、私は何度も感じさせていただいてきたのです。

主人についていけばまちがいはない

現在、上三人の子どもたちは社会人となり、家にいる妹や弟たちのためにプレゼントを送ってくれたり、毎月仕送りをしてくれたりしています。兄弟力を合わせて、家を建て直そうという計画もしてくれているようです。

「大きくて広い家がいいわね」と笑いながら言うと、長男が、

「違うよ、お母さん。小さくても、家族みんなが団欒《だんらん》できる家が一番だよ」と。そして、

「下の妹や弟たちは、行きたければ大学にも行かせてあげられるようにするから、大丈夫だよ」と。

私はご縁があって三年ほど前から、脳外科の看護助手として、患者さんのお世話をさせていただいていますが、それも、子どもたちがみな健康そのもので、何でも自分でできるからなのです。

六人ともが、神のいのちそのままに育ってくれたのは、本当に主人のおかげです。いつもやさしく守ってくれ、自分も仕事で大変なのに、私を力強く励ましてくれる主人。主人を大切にし、頼りにし、ついていけば、子どもたちも家庭生活も、すべてよくなる。中心に帰一することの真理の妙味を、体験することができました。

こんなにすばらしい主人とめぐり合わせてくださり、その上、子どもという宝、それも、六人もの子宝を授けてくださった神さま――。

来《こ》し方をふり返り、折々《おりおり》にいただいた喜びを思い出すたびに、ああ、どんなときにも神さまは守ってくださっていたんだなと、しみじみと感謝の気持ちに満たされるのです。

（平成四年七月号　撮影／田中誠一）

＊母親教室＝生長の家の女性のための組織である「生長の家白鳩会」が主催する母親のための勉強会。お問い合わせは、最寄りの生長の家教化部まで。巻末の「生長の家教化部一覧」を参照。
＊教化部長＝生長の家の各教区の責任者。
＊練成会＝合宿形式で生長の家の教えを学び、実践するつどい。全国各地で毎月行われている。お問い合わせ先は、巻末の「生長の家練成会案内」「生長の家教化部一覧」を参照。

心に描いたわが家の夢は次々に実現する。四男は甲子園に、新居も完成

北海道旭川市　松澤《まつざわ》まき子《こ》（53歳）

四人の息子たちは、全員が野球部で活躍。兄たちの夢を背負って、平成十四年の夏ついに四男が甲子園大会に出場した。「野球のおかげで家族の心がひとつになりました」と笑顔の松澤夫妻。「人様のお役に立ちたい」と願ったときに、長男の結婚、新居完成と明るい出来事も次々に現われた。

昨年（平成十四年）の夏は、私たち家族にとってほんとうに熱い夏でした。高校三年の四男・裕希《ゆうき》（18歳）が、高校球児なら誰もがあこがれる甲子園（全国高校野球選手権大会）に出場できたからです。息子が所属する旭川工業高校野球部は、地区予選から七つの試合を次々と勝ち抜いて北北海道の代表校となったのです。

大阪に出発する前に、ご先祖のお墓参りをした息子は、「これでふっきれた」と元気

に出かけました。サードを守る五番打者として、ユニホームのポケットには聖経『甘露《かんろ》の法雨《ほうう》』＊のお守りを入れて、試合に臨んでくれたのです。

私たち夫婦は一週間仕事を休んで、息子の応援に出かけ、途中で横浜の親戚を訪ねながら、関西へ旅立ちました。主人・雅志《まさし》（52歳）と「いつか行こうね」と語り合っていた夫婦旅行のチャンスを、息子からプレゼントされたようなワクワクした気分でした。

主人は長年にわたって、高校の父母会役員をしていましたので、遠征費調達のために寄付金集めや応援団の手配などに奔走しました。球場に着くやいなや、主人は二つのラジオ局からインタビューを受け、「念願の甲子園。息子に心からありがとうと言いたい」と嬉《うれ》しそうに答えました。

わが家には四人の息子がいますが、みな野球部で活躍していましたので、「とうとう家族の夢を叶えてくれた」と、私はそんな思いで胸がいっぱいになりました。

甲子園へ、夢のバトンタッチ

長男・総志《そうし》（28歳）が少年野球をはじめたのが、いまから二十年前のこと。それに続いて次男、三男、四男も野球をはじめました。次男から四男までの三人は、北海道の名門野球部で知られる旭川工業高校に進学しました。次男・卓磨《たくま》（25歳）は投手でしたが、残念ながら腰を痛めて途中で退部。三男・隼斗《はやと》（20歳）は、秋季全道大会で準優勝まで勝ち進みましたが、甲子園には届かず、悔しい思いをしました。子供たちの従兄弟二人も旭工ＯＢで、九一年と九六年に同校が甲子園に出場したときに野球部にいたので、「松澤家は野球一族」と近所でも知られていました。

そして四男・裕希は、捕手、一塁手、三塁手とポジションを変えながらも、「兄たちに認められたい」と頑張って、見事レギュラー入りを果たしたのです。

旭工は六年ぶり、三回目の出場。スポーツ新聞でも注目されて、「兄の夢継ぐ選手たち」と息子の記事が掲載されました。野球部ＯＢとして新聞記者のインタビューに応えた次男は、「いつもお前にはレギュラーとれるもんならとってみろ、と言っていたけれど、本当にあの厳しい練習を乗り越えてレギュラーとれるとは思わなかった。甲子園の夢はお前に託す」と、弟に夢をバトンタッチしました。

すり鉢状の甲子園球場のグラウンドは、真夏には四〇度近い気温になるそうです。テ

心に描いたわが家の夢は次々に実現する。四男は甲子園に、新居も完成

新築した自宅で。右から甲子園に出場した四男・裕希さん、野球部ＯＢの次男・卓磨さん、ご主人の雅志さん、まき子さん

レビ中継される大きな球場、暑さと応援団の熱気に包まれた試合は、心躍らせるものでした。旭工は一回戦だけの出場で終わりましたが、私たち夫婦は満足感でいっぱいでした。四男は、甲子園の土で汚れたままの記念のユニホームを、「一生の宝物」として洗濯もしないで大事に保存しています。

この二十年間、夏休みなどに家族で海や山に行くということが一度もありませんでした。家族揃って出かける場所といえば、道内各地の野球場ばかり。私は心をこめた弁当を手作りして、兄弟の誰かが出場する試合をみなで応援に行くのがわが家の行事でした。ゴールデン・ウィークもお盆の期間も、息子たちは練習、練習で明け暮れました。

「息子たちの試合を見ているると楽しい」と、主人は毎回応援を欠かしません。四人の子の小学校・中学校時代から、土日はほとんど試合でつぶれましたが、主人はその世話役を引き受けてきたのです。

「人間は神の子、無限力が宿る」という教えを母から受け継いだ私は、息子たちを「素晴らしい神の子さん」と呼んで、毎日、聖経『甘露の法雨』を読誦《どくじゅ》しながら、子育てをしてきました。風邪で寝込んだり、歯が痛いという子供に聖経を読んであげると、痛みがやわらぐようでした。生長の家の日訓『ひかりの言葉』*を家の中に掲げていますが、「前向きな明るい人生訓で、自分が思っていることと同じだ」と主人も教えに賛同してくれました。

母から伝えられた教えをまもって

三人姉妹の末っ子だった私は、幼い頃から、母に連れられて生長の家誌友会*に通った思い出があります。中学生時代には、姉たちと青少年練成会にも参加しました。毎朝、仏壇の前で聖経を読誦する母の姿を見て育ちました。十年前に亡くなった母は熱心な信徒で、生長の家講習会*には毎回家族と一緒に参加。お昼になると、お弁当を母とともに一緒に食べるのが楽しみのひとつでした。「天地一切のものに感謝する」「物事の明るい面だけをみる」「当たり前の生活に感謝する」『思いは必ず実現する」……母が生活の中で語り伝えてくれた教えのコトバが、自然と私たちの身についたような気がします。

実家は建具製造業で、家の裏には父が働く工場があり、通りに面した表では母が家具店を切り盛りするという暮らしぶりでした。母が留守をするときなど、私も家の仕事を手伝って、お客様が来ると工場にいる父の所へ走っていって、大きな声で父を呼んだものです。

短大を卒業後、職場で知り合った主人と、二十四歳のときに結婚しました。驚いたことに主人の実家も家具屋だったので、自然と意気投合したのです。測量会社の技師として勤務する主人はやさしい人で、子供たちをいつも励ましてくれました。

四人の息子たちは少年野球、中学では部活動に頑張ってきました。進学した工業高校はしつけが厳しく、先輩後輩の人間関係や規律正しい団体生活、部員の誰かが問題を起こせば試合に出場できなくなるので、人に迷惑をかけないことなどを教えてもらいました。高校時代の息子たちは、練習を終えて自転車で帰ってくるのは毎晩十時過ぎで、半分居眠りしながら夕飯を食べてバタリと寝て、早朝練習の日には五時に起床して出かけました。遊ぶ時間もなく、非行なんて考えるヒマもない生活だったのでしょう。反抗期なんてあったのかしら、と思うほど部活動に打ち込んでいました。

「サラリーマンより厳しいなあ」と主人がつぶやくほどでしたが、四人とも順調に育ち、野球のおかげで、家族の心がひとつになったと思っています。

何があっても明るい面だけをみる生活

長男、次男、三男はそれぞれ会社は異なりますが建設関係の仕事に就職しました。車で通勤していて、三人とも交通事故に遭ったことがあるのです。長男は、凍った雪道で車を滑らせて大破させましたが、鼻の骨を折った程度の怪我で済みました。また二年前には、就職して免許を取ったばかりの三男が、兄弟三人を乗せて、車線変更したときに他の車と接触して蛇行、樹木に衝突してしまいました。怪我で三人が入院しまして、私は三ヵ所の病院まわりで大変でした。そんなときでも、「車は壊れたけれど、無事だった。おじいちゃん、おばあちゃんが守ってくれた」と息子たちは笑っていました。

さらに次男は昨年、高速道路に落ちていたタイヤをよけようとして蛇行、トンネルに接触して車を止めました。車の破損だけで、幸い怪我はありませんでした。警察と道路公団にも届け出ましたが、「高速道路に物を落とした人に責任がありますから、あなたには問題はありませんよ」と言われたそうです。息子が四人もいると、いろいろ心配事もありますが、「何事も明るい面だけをみる」という教えに励まされ、「これから必ず良くなる」と心を切り替えると、落ち込むことはありませんでした。

昨年二月には、長男が結婚して独立しました。そして五月から、わが家の新築工事がはじまりました。それをきっかけに、私は地元の生長の家白鳩会の支部長というお役を引き受けることになり、旭川市内にある生長の家教化部会館*へ行事の時には通うようになりました。「教えをもっと深く学びたい」「何かお役に立てることをしよう」と思うようになったのです。そして、住宅建築の会社に勤務していた三男が、若いながらもわが家の新築工事の現場監督をすることが決まりました。大工さんたちも隅々まで丁寧な仕事をしてくれ、家の四方の柱には、家族の健康と繁栄を祈願して『甘露の法雨』のお守りを入れてもらいました。

甲子園出場が決まった日から慌《あわただ》しい日々が続きましたが、新居はだんだんと姿を整えていきました。そして、熱い夏も終わった翌月の九月六日が引っ越しの日となりました。

「家を建てるなら息子が施工してくれた家に住みたい」という主人の希望と、「広い家で暮らしたい」という私の願いが実現しました。二階につくったリビングルームの窓に立つと、晴れた日には雪に白く染まった雄大な大雪山連峰がみごとに見えます。目の前

心に描いたわが家の夢は次々に実現する。四男は甲子園に、新居も完成

には水田が広がっており、それは私がいちばん望んでいた風景でした。

甲子園に行った四男はその後、希望通りに建設会社への就職が内定しました。夫は土木関係の測量技師、そして四人の息子たちはみな建設関係の道に進みました。

長男の結婚、四男の甲子園、三男が建ててくれた新居と、昨年はほんとうに嬉しい出来事が次々に現われました。今年からは、自宅を誌友会の会場として開放し、みなさんに使っていただきたいと思っています。そして、ひとりでも多くの方に、明るい幸せを実現する教えを知っていただきたいと願っております。

(平成十五年三月号　撮影／亀崎昌義)

*聖経『甘露の法雨』＝生長の家創始者・谷口雅春著。宇宙の真理が分かりやすい言葉で書かれている生長の家のお経。詳しくは、谷口清超著『『甘露の法雨』をよもう』参照。(日本教文社刊)

*生長の家の日訓『ひかりの言葉』＝生長の家の真理の言葉が書かれた日めくり式の箴言集。毎年、新しい内容のものが発行されている。谷口清超監修。(日本教文社刊)

*生長の家誌友会＝生長の家の聖典や月刊誌をテキストに教えを学ぶ信徒のつどい。

*生長の家講習会＝生長の家総裁、副総裁が直接指導する生長の家の講習会。現在は、谷口雅宣副総裁、谷口純子生長の家白鳩会副総裁が直接指導に当たっている。

*教化部＝生長の家の地方における布教、伝道の拠点。巻末の「生長の家教化部一覧」を参照。

課題はいつもあるけれど、愛をいっぱい育てよう

徳島県徳島市　駒木典子《こまきのりこ》（48歳）

夫の仕事の都合で転居を繰り返してきた駒木さん一家。そんな中でいちばん苦労したのは、子供の教育。生長の家の母親教室に通って、「子供はみな素晴らしいものを持っている。信じて褒《ほ》めて育てれば大丈夫」と励まされてきた。そして、子供は福田《ふくでん》を持って生まれてくるという教え通り、子供の成長とともに家は豊かになり、また、これからが楽しみな人材に育ちつつあるのです。

徳島に移り住んで十五年になりました。毎年夏になると、そこかしこで老若男女が集まって、「阿波踊り」の練習がはじまり、鐘や太鼓の音がはなやかに聞こえてきます。大学付属病院に勤務する主人も、医局の「にげか連」というグループで阿波踊りを楽しん

でいます。

四人の子供に恵まれ、長男・伸比古《のぶひこ》（21歳）は茨城県の筑波大学で寮生活を送っており、長女・明梨《あかり》（19歳）は私大の薬学部に進学、次男・倫比古《みちひこ》は県立高校三年、三男・快比古《よしひこ》は中学三年と、それぞれ元気に学生生活を謳歌しています。『古事記』など日本の古典が大好きな主人は、男の子たちに「太陽の子」「神の子」という意味の「比古」という名前をつけてくれました。

ポケットのお守りが縁で

私は、香川県高松市に生まれ育ち、父は旧国鉄マンで、瀬戸内海を走る宇高《うこう》連絡船の機関長をしていました。広島県に住んでいた祖父母が熱心な生長の家信徒だったので、家には生長の家の聖典『生命《せいめい》の實相《じっそう》』*があありました。そして、母からもらった聖経『甘露の法雨』のお守りを、兄と私はポケットにいつも大事に入れていました。

高校卒業後、徳島大学に進学。そこで、医学部に在籍していた主人と、テニス部で出会いました。

あるとき、私が持っていたお守りを見て、「あっ、僕もそれと同じお守りを持っているよ」と言われ、びっくりしました。話を聞いてみると、主人の祖母も熱心な信徒で、『生命の實相』が自宅にあったそうです。そんな話題で親しくなり、交際するようになったのです。

二十五歳で結婚。外科に入局した主人の赴任先について行き、高知市に移り住みました。大学病院の研修医はローテーションにより様々な病院に赴任するため、その後何度か転居を重ねました。

長男が生まれ、「駒木家の跡取として、この子を立派に育てたい。そのためにはどう育児したらよいものか」と思いあぐねていた頃に、母から送られてきた『生命の教育』*という生長の家の本に感動しました。そして、生長の家のお話をもっと聞きたいと思い、高知市内にある生長の家教化部へ出かけるようになったのです。

その後、徳島に一時転居、半年後には、主人が東京の癌研究所でガンの研究をすることになったため、埼玉県富士見市に引っ越しました。その町では、学習塾の一室を借りて毎月「母親教室」が開催されていました。そこでは、若いお母さんたちが多いときに

笑顔あふれる駒木さん一家。左から長女の明梨さん、実母の松村和歌さん、
典子さん、ご主人の幹正さん、三男の快比古さん、次男の倫比古さん

は二十人ほども集まって、生長の家の教育法を勉強していました。その母親教室のリーダー・大原和子さんは三人のお子さんをもつ明るく楽しい方で、テキパキと教室を切り盛りされていました。

「子供はみな神の子で、素晴らしい無限の可能性が宿っています。子供が本来持っているものを、認めて褒《ほ》めて引き出すのです」

「家庭の中心はご主人です。家庭調和の秘訣は、ご主人に素直にハイですよ。和顔《わがん》・愛《あい》語《ご》・讃嘆《さんたん》*で明るい家庭を築きましょう」

「物事の明るい面だけをみて、子供の美点を褒めて育てれば、誰でもみな良い子に育ちます」

母親教室で語られる、そんな明るい言葉に励まされ、「育児は楽しいもの」と発見しました。やがて次男も生まれました。

子供は福田を持って生まれる

昭和六十二年に徳島市に戻り、三男が生まれました。四人の子持ちになりましたが、近くに頼る親戚もなく、経済的にも不安でした。大学病院の医師という職業は、世間で考えるほど経済的に豊かではありません。また、「乳がん」の臨床研究をしていた主人は学会や研究会などで出張も多く、家庭を守る私はときに心細い思いもしなければなりません。

子供が一人か二人の奥さん達からは、『四人なんて大丈夫？　経済的にも大変よ』という声も聞こえてきたりしました。

でも、「生まれてくる子は、福田《ふくでん》を持って生まれてくるから大丈夫」という母の教えを自分自身に言い聞かせながら、母親の私がしっかりと子育てをしなければと思い、「人間・神の子、無限力」の教えを心の支えに頑張ってきました。

そんな私に「母親教室のリーダー」という役割が与えられました。当時は自宅マンションが手狭だったので、公民館の一室を借りて、毎月一回の母親教室を開くようになりました。

母親教室に出かけるときには、長男は自分で自転車に乗り、私は末っ子を背負いながら、自転車の前と後ろに長女と次男を乗せ、四人乗りで行きました。子供たちも一緒に話を聞いたり、別室で遊んでいました。

やがて、軽自動車で移動できるようになり、次には普通自動車が与えられて、「必要なときに必要なものが与えられる」という教えを実感。「嬉《うれ》しい楽しい。神様ありがとうございます。ご主人さま、ありがとうございます」と喜びました。


「私は神の子、仏の子。何でもできます強い子、良い子。いつもニコニコ、成績優良…」

――高松の実家の母が遊びにくると、孫たちをいつもこう誉《ほ》め称《たた》えてくれました。私もこの言葉を、毎日毎日、幼な子たちに語り続けました。

子供たちもおしゃべりできる年頃になると、オマジナイのように唱《とな》えました。とうとう主人までも、何気なく同じ言葉を口にするので愉快になりました。長男が小学校に上がった頃、「このオマジナイを毎日唱えているから、ボクはラッキーなんだなあ」と言うほどでした。

『母のしあわせ』という母親教室の愛唱歌にこんなフレーズがあります。私はこの歌が大好きです。

♪課題はいつもあるけれど
そのたびに私は成長しました……
愛をいっぱい育てよう
愛を育てよう（石黒三典作詞、『生長の家愛唱歌楽譜集』日本教文社刊。27ページ）

幼稚園に通っていた末っ子が、自由奔放、ヤンチャ放題で困った時期がありました。母親教室の講師から、「大きなビルを造るには、大きな土台がいるでしょう。大らかな目で、よい所を褒めて育てましょう」と指導され、ホッと安心したことがあります。

また、子供たちは小学生の間は生長の家の日曜学校である生命学園*に通いました。あるとき、長男が小学校でイジメにあいました。長男は騒いだりふさぎ込んだりせず、「少林寺拳法《しょうりんじけんぽう》を習う」と道場に通いはじめ、自分で心身を鍛え上げて乗り越えました。おとなしい性格ですが、芯の強い心をもった長男の影響で、その後、きょうだい全員が少林寺拳法の道場に通うようになったのです。

きょうだい喧嘩のときなど、長男が間に入って、「みんな神の子だから、誰も悪くないんだよ」と言って、仲裁役をしてくれました。高校生のときには、テレビで暴力的なシーンがあると、下の子たちに見せるのはよくないと思ったのか、すぐにチャンネルを変えてしまいました。武道を学んで、腕力は他人に対して使うものではなく、自己修練と身を守るためのものという姿勢が身についたようです。

長男は、今春まで少林寺拳法部のキャプテンを務め、七月の県大会で最優秀賞となり、十一月に大阪で開催された全国大会に出場しました。

Eメールで親子の会話

子供たちには、公立中学から同じ校区の県立高校に通わせたいと思い、私たち一家は市内を三回引っ越しました。はじめは手狭だった3DKのマンションが、やがて4DKになり、だんだん希望する高校に近い場所に移りました。主人の分を含めて、勉強机が五つ必要になる頃には、志望校から歩いて一分という場所に中古の一戸建てをみつけ、移り住んだのです。

友人たちからは、「子供たちのおかげですよ」と笑って答えたものです。四人目が生まれるときに聞いた「子供は福田を持って生まれてくる」という話は本当だったのですね。

こうして上の子三人とも、同じ高校に通わせることができ、先生方からも「駒木きょうだいが、また来たか」と名前を覚えてもらいました。

近頃は、主人や子供たちがパソコンを使うようになったので、私も昨年からパソコンを始めました。主人のお古をもらって専用パソコンを持つ身分です。

最近、長男が自分のホームページを公開しました。毎週更新されるそのホームページを見ると、遠く離れていても今どんなことを考えているかが分かります。長男は生命環境科学という新しい分野の学問を専攻していて、ときどき主人とメールで話し合っているようです。私も息子にメールを書いて激励のコトバを送っています。

この九月、念願だった大学院の入学試験に合格したときには、家族全員がそれぞれメールを打って、快挙を祝福しました。

長女とは、携帯電話のメールが役立っています。「帰りが遅くなりそう」「夕飯のおかず、あれとこれ買い物お願いね」など、女同士の会話を楽しんでいます。

時代が変わり、家族のお互いの思いを伝える表現方法も変わってきましたが、祖母から母へ、母から私へと伝えられた「人間・神の子」の教えと、「家族の愛」は不変のもの。これもご先祖さまのおかげです。家族の幸せを祈る毎日を過ごしております。


（平成十四年十二月号　撮影／近藤陽介）


*『生命の實相』＝谷口雅春著、全四十巻、日本教文社刊。

*『生命の教育』＝谷口雅春著、日本教文社刊。

*和顔・愛語・讃嘆＝なごやかな顔で、優しい言葉で、誉めること。

*生命学園＝お問い合わせは、最寄りの生長の家教化部まで。巻末の「生長の家教化部一覧」を参照。

*孟母三遷＝古代中国の思想家である孟子の母が、最初は墓所の近くにあった住居を、次に市場の近くに、さらに学校の近くにと三度移しかえて、孟子の教育のためによい環境を得ようとはかった故事。

夫への愛、子への愛はいっそう深まって

――信仰を生活に生きるなかで

広島市南区　山本利恵《やまもととしえ》（46歳）

幼いわが子が難病に？

私が生長の家を知ったのは、平成元年の九月。同じ公務員宿舎の仲のいい友人から生長の家講習会の券をいただいたのがきっかけでした。最初は時間があるので何となく…という気持ちでしたが、声をかけてくださるままに、誌友会や母親教室などに参加しているうちに、〝人間は神の子、実相《じっそう》＊は完全円満。罪も迷いも病も本来ない〟〝人間には無限の可能性がある〟〝内在の無限力を引き出すのは言葉の力〟等々のお話を聞いて「これは、すごい教えだなあ」と感嘆することが多くなっていきました。

毎回夕食どきに、昼間に聞いたお話を興奮しながら家族に報告する私。主人も、当時小学二年と幼稚園の娘たちも「いいお話だねえ」とうなずきながら聞いてくれました。

半年もたつと、本気で学んでみたい！　このすばらしい教えにどっぷりひたった生活をしてみたい！　という気持ちが強くなり、いつもご指導くださる生長の家の西田アヤ子講師の「あなたも神さまとパイプをつないだら？」の一言で入信を決意しました。平成二年の四月、長女は小学三年に進級し、次女が小学校に入学したばかりの頃でした。

そして、入信したわずか一週間ほどしかたたないうちに、私は、私の一番弱い部分を消し去って、強く磨《みが》いてもらえるような大きな体験をいただいたのです。

それは、夕食を食べているとき、次女が左胸が痛いといったことからはじまりました。私には、〝病気〟というものに対する恐怖心が人一倍ありました。ふだんは明るい性格ですが、体の症状に関してだけは敏感で、すぐ悪い方に考えてクヨクヨ心配してしまうのです。まだ入信してすぐでしたから、次女の言葉に動揺して、すぐに夜間の救急病院に駆け込みました。診察を受けると、風邪かもしれないとのこと、心電図をとっていただいたのです。そして言われたのは、

「ちょっと異常があるので、明日、心臓専門の病院で診《み》てもらってください」

その夜は、一晩中息が詰まりそうなほどの不安で一睡もできませんでした。いったい

「娘の病気の体験を通して、何があっても大丈夫！　という強い思いを家族全員、しっかりと心に刻みこませていただきました」と山本さん

この幼い子の心臓に、何の異常があるというのだろう……悪いことばかりが頭に浮かびました。

翌朝さっそく専門の病院へ行きました。検査の結果つけられた病名は〝WPW症候群〟、日本語名でいうと、〝突発性頻脈《ひんみゃく》症候群〟というものでした。心臓の外側に、本来は一本しかない血液を送りだす線が、次女には正・副二本あるとのこと。二本が一度に働いてしまったとき、から回りして、普通は一分間に六十から八十の脈拍が、二百も三百にもなる頻脈が起こるのだ、と。その発作が、たびたび起こるようなら薬で治療を、もっと頻繁《ひんぱん》なら手術で一本を取り除くこともできる。しかし発作さえ起こらなければ、ふだんと変わりない日常生活が送れる……

そんな説明を聞いた瞬間、「発作がいつ、どこで起きるかわからない生活なんて、爆弾を抱えているのといっしょ。いっそすぐに手術してもらったら……」と私は顔面を蒼《そう》白《はく》にして考えていました。〝この病気で百人に一人は死んでいる〟とか、〝広島県では医療費が無料になるほどの『難病』に指定されている〟という話が私に追い打ちをかけ、それから二、三日は次女の寝顔を見ながら、目が腫《は》れるほど泣いて泣いて泣き暮らすという日々でした。ほんの数日前までは、まったく何の問題もない元気なわが子が、急に悲劇のヒロインになってしまった感じです。でも、そのときの私には、大きな心の支え——生長の家があったことを、泣き疲れたあとハッと思い出すことができたのです。

すべて正常ですという結果

オロオロしながら私は、西田アヤ子講師をはじめ、生長の家の友人たちに次女のことを相談しました。そして、真っ暗な心をパアッと明るくしてくださるような言葉を返していただいたのです。

「病は、絶対にない」

ああ、そうだった、と思いながらも、まだまだ取り越し苦労をしてしまう自分から抜け出ていない私は、気を抜くと、すぐふさぎこんでしまいそうになります。教えられるまま、長崎にある生長の家総本山*に神癒祈願《しんゆきがん》*をお願いし、朝晩、先祖供養を心をこめて行い、生長の家のお経である、『甘露の法雨』『續々甘露の法雨*』なども毎晩、次女の枕元で読みました。さらに毎日感謝行《かんしゃぎょう》*をして、すべての人・物・事に感謝し、一日中、「病気なんかない。生まれたままの、清らかで完全円満な神の子のわが子です」と唱《とな》え続けました。必死でした。真剣でした。わが子のことがなかったら、これほど一所懸命に行じられたかどうか……

そのうち、とても不思議な変化が私の中で少しずつ起こりはじめました。本当に、心の底から「病気なんかあるわけがないじゃない」と信じられるようになっていったのです。あれほど不安でいっぱいだった気持ちが、日一日と穏やかな安心感へと変わっていくのが、自分でもわかりました。それは大きなものにしっかりと護《まも》られているような安心感でした。

行《ぎょう》を続けてしばらくして、次女の学校で健康診断があり、自分だけ大きな封筒をもらったといって帰ってきました。中には、異常のみられる心電図と、指定された県立病院で再検査するよう指示された手紙が入っていました。

以前の私なら、翌朝一番で飛んでいっていたことでしょう。でも、そのときの私は、「まだ自分の心のどこかに、娘の完全円満な姿を信じ切っていない部分があるのかもしれない。いっそう熱心に行じなければ」といった気持ちになったのでした。

県立病院へいったのは、総本山の神癒祈願が満願になり、主人が休みをとってくれた五月の半ば。走っている状況、坂道を登り下りしている状況など、さまざまな状況を設定して何種類もの心電図を、数時間かけてとったその結果は、「すべて正常です」とのことでした。毎日、私がしている行をあたたかく見守っていてくれた主人も、その結果にはそうとう驚いたようでした。

県立病院では、二本の線のうち、正だけが働いていると正常な結果がでる、検査のときにたまたま正だけ働いていたけれど、もしかすると今後、正・副二本が働いて頻脈になるかもしれない、とはいわれました。が、私は、これからずっと、副が働くことはない。副が休憩し続けるうちに退化して、正だけが残っていくだろう、と思えてならないのでした。

夫婦愛はよりいっそう深く…

最愛の娘の一人を介して、神さまは私の中から病気への恐怖心を一掃するチャンスを与えてくださいました。それどころか、何があっても大丈夫！　こんなにも護られているのだから……という強い思いを家族全員、しっかりと心の中に刻みこませていただいたのです。

幼いときから教えにふれた娘たちは、いのちの尊さがわかり、思いやりのある愛深い子に育ってくれました。中学生になり、学校にこなくなる友人がいると、自分のことのように心配してその子の家に迎えにいったり、病気の子がいると、『甘露の法雨』を貸してあげたり……。中学二年生の次女は、「友達みんなが、のんちゃん（次女のこと）のお母さん、大好きっていってるよ」と照れもせず自慢げにいってくれたりします。

仕事がら転勤の多いわが家。三年間の香川県での生活から広島に転勤というこの春は、長女の高校受験と重なりました。事情があって、香川県の県立高校を受けてから広島の高校への転入試験を受けなければならないという複雑な状況になってしまいましたが、長女はグチ一ついわず、逆に、「私に一番よい高校に合格するに決まっているから」といって、引っ越しのときも、受験のときも、小さな奇跡が数えきれないほど起こって、私たち家族の生活はすべてよい方へよい方へと転がっていくのでした。

「よりいっそう幸せになられますように」と礼拝しながら、一冊ずつ生長の家の雑誌をご近所のポストに配って歩く娘たちに、いつも感謝していますが、何より幸せだと思うのは、すばらしい主人に恵まれたことです。

生長の家に入信するときも、何一つ反対することなく、私がしたいということをすべておおらかに受け入れてくれた主人。六歳年上の主人と結婚したのは十七年前ですが、そのとき私は、「あなたを一番。子どもを二番にするからね」といっていたものでした。あとからそれが、生長の家の生き方に合っていると知って、とても嬉《うれ》しくなりました。

子どもたちが学校へいった土曜日の午前中は、主人と二人で『生命の實相』を、区切りのよいところまで読み合いっこをします。私が風邪ぎみで頭が痛いとき、

「お父さん、お願い。『生命の實相』の第七巻がどうしても読みたいんだけど……」

と甘えると、枕元で二時間も三時間も声を出して読んでくださるのです。西田アヤ子講師が作られた、

『父ちゃんのいうことまちがいない。することすべてが世界一。そんな父ちゃんに惚《ほ》れています。敬して礼して拝みます。ハイハイとついていく。ああ、ありがたやありがたや』

という詩が書かれた色紙を居間に飾ってありますが、私の気持ちそのままで、毎日ありがたく嬉しく、朝、出勤の握手のときは、今生《こんじょう》の別れのような思いです。夜遅くまで、居間で勉強している娘たちは、「お先に――」といいながらそろって寝室に入っていく私たちを見て、「いつも仲がいいねえ」などといってひやかしたりします。

こんな楽しい毎日が送れるのも、すばらしい講師方《せんせいがた》と出会わせていただけたのも、三年前に亡くなった主人の母をはじめ、ご先祖さまのおかげ、感謝して感謝して生きていく……生長の家にどっぷりひたった、理想どおりの生活ができるようになりました。

入信直後の大きな体験がなければ、ぬるま湯につかったような学び方のままで取り越し苦労ばかりして、家族に暗い顔を向けていたかもしれません。ちなみに、次女の中学入学後の健康診断の結果もすべて良好。毎日活発すぎるほど元気で学校へ通い、み教えを広める光明化運動を続けています。

み教えにふれたおかげで、家族皆が何があっても明るく前向きに生きていかれるわが家の幸せを、悩みをもっておられる若いお母様方にお伝えして共に学びたいと思い、私は月一回、母親教室を開かせていただいております。

ご主人・山本律熊《りつくま》さん(51歳)の話

生長の家を知ってからの家内は、以前よりさらに明るくなりましたね。立ち直りの早さや、心の切り替え方の早さには驚かされます。家庭においては、〝お母さんは太陽〟という教え通りの家内です。

(平成九年八月号　撮影／原　繁)

＊実相＝神がつくられたままの本当の姿。
＊生長の家総本山＝巻末の「生長の家練成会案内」を参照。
＊神癒祈願＝神の癒しによって問題が解決するように祈ってもらうこと。生長の家本部、総本山、宇治別格本山、本部練成道場などで受け付けている。
＊『續々甘露の法雨』＝「人間神の子・病気本来なし」の真理がやさしく説かれ、神癒、治病等に霊験のある生長の家のお経。谷口雅春著「大聖師御講義『続々甘露の法雨』」参照。(日本教文社刊)
＊感謝行＝天地一切のものへの感謝を込めて、掃除などをすること。

祈りと感謝の心で〝ホメ上手〟な母、妻に

沖縄県本部町　石川君子《いしかわきみこ》（38歳）

良い子に育てるには？

私が生長の家の教えを知ったのは、平成二年でした。次女の幼稚園での友達の中に、久乃《ひさの》ちゃんというとても素晴らしい子がいました。私はその子に会う度に、〝どう育てたら、こんなに良い子になるのかしら〟と思っていました。

そこで、久乃ちゃんの母親である山川富士子さんに、「どのように育てておられるのですか」とお聞きしたのです。しかし山川さんは笑って、「何も特別なことはしていないんですよ」とおっしゃるのです。

私は、〝そんなはずはない〟と思い、なおも尋《たず》ねました。当時私は、長女の反抗に手を焼き、思い悩んでいました。私があまり熱心に聞くので、山川さんは、「実は私は生長の家を信仰していて、その教えの通りに子育てしているんですよ」と、話し始めました。

「人間は神の子で、神様から無限の力をいただいているのです。だから、子どもはみんなそのままで素晴らしい良い子なんですよ。悪く現われているのはニセモノの姿なのだから、その姿に惑《まど》わされてはいけません。実相を観《み》て子どもと接することです」

山川さんの言葉に、私は大きく心を動かされました。〝私が求めていたものはこれだ！〟――そう強く感じました。

私は、山川さんのお宅で開かれる教えの勉強会に通っては話を聞き、生長の家の本を読んでは一所懸命に教えを学び始めました。すると、「子どもは誉《ほ》めれば誉める方向へ伸びるものです。ガミガミ叱《しか》ることは、子どもの良い芽を根こそぎ摘《つ》んでしまうことになります」と教えられました。

それは、私が考えていたこととまったく逆のことでした。私は、〝子どもを誉めれば、天狗になって鼻持ちならない人間に育ってしまう〟と思っていました。だから、あまり誉めずに育てていたのです。

特に長女の早岐《さき》が小学校に上がったときは、〝テストの点数にはこだわりたくない。良い点だったからといって誉めれば、点取り虫になってしまう〟と、百点をとってきたときですら誉めませんでした。そのくせ、「勉強しなさい」「靴は洗ったの？　自分のことは自分でするのよ」と、口やかましく言っていました。

今から思えば、早岐が反抗するようになったのも当然です。しかしその頃の私は、厳しくしつけることが子どものためだと信じていたのです。私は反省して、〝これからは誉めて育てよう〟と決心しました。

好きなことは自由にさせてあげよう

私は、娘たちを学校や幼稚園へ送り出した後、家事をしながら、「早岐ちゃんは神の子です。ありがとうございます」「美奈（次女）ちゃんは先生が大好きです。お友達も大好きです。ありがとうございます」「由理（三女）ちゃんは、いつもお友達と仲良く遊べます」と、心の中で祈ることを始めました。そして、どんなことでも必ず良いところを見つけ出して、誉めることを心がけたのです。

たとえば、テストで良い点を取ってきたら、家族にも「美奈が百点取ってきたよ。すごいねえ」と、本人の前で報告して皆で誉めるようにしました。また、不得手な科目が

「生長の家の教えを学んで、いつでも、良い方向からのみ観ることができるようになりました」と石川さん

前回より少しでも上がっていれば、たとえあまり良い成績でなくても、「今回はがんばったね。やればできるんだね」と、励ましたのです。

早岐が小学六年の時、学校の授業でトランペットを吹くことになりました。が、トランペットを担当する子どもたちの中で、早岐だけが出せない音があるというのです。そこで、

「神の子にできないことはないのよ。『私はトランペットが大好きです。上手に吹けます。ありがとうございます』と心の中で祈りながら楽しく練習すれば、必ず上手に吹けるようになるわよ」と、教えました。

小学校は家から近かったので、練習を始めると音が聞こえてきます。それで私も〝早岐は神の子完全円満、トランペットが大好きで、上手に吹けます〟と祈っていました。そうして一所懸命練習をしているうちに、とても上手に吹けるようになったのです。

「お母さん、本当だね。やればできるんだね」

と、早岐も自信をもったようでした。

こうして、気づいてみると、早岐の反抗は収まっていました。

もともと私は楽天主義で、くよくよ悩む性質《たち》ではないのですが、以前の私は、家族に対する期待が大きく、その期待通りにならないことへの不満や不安がありました。小さなことにも心がひっかかり、「ああしよう、こうしよう」と、何日も考えあぐねたりしたのです。が、生長の家の教えを勉強するようになってからは、考え方の切り替えが早くなりました。いつでも、良い方向からのみ観《み》ることができるようになったのです。

主人は交際範囲も広く、外でお酒を飲んでは午前様になることが多いのです。私は、口に出しては言いませんでしたが、〝今日もまた飲んで来た。また今日も…〟と、不満に思っていました。しかし山川さんに、

「ご主人はお酒が好きなんでしょう。好きなものは遠慮なく飲ませてあげたらいいですよ」

と言われ、〝ああ、そうか。好きなことはさせてあげたらいいんだわ〟と、考え直したのです。それからは主人がお酒を飲んで遅く帰っても気にならなくなりました。それどころか、〝たとえ飲みたくなくても、仕事のつき合いで仕方なく飲むこともあるかもしれない。家族のためにがんばっているんだ〟と、感謝できるようになったのです。

「私、不良になってたかも」

昨年の冬のことです。主人は風邪をひいていたのですが、やはり毎日のように夜遅くまでお酒を飲んで帰るのです。いくら私が、「風邪ぎみなんだし、お酒はやめて早く帰って下さいよ」と言っても聞き入れません。

その日も夜中に帰宅し、すぐに布団には入ったものの、咳《せき》が続くのでなかなか寝つけないようでした。私は、〝いい気味〟と思い、しばらく放っておいたのですが、あまりにもひどいので、だんだん心配になりました。薬を探したのですが見つからず、どうしようかと思案していると、ふと、〝そうだ、いつも教わっている通りに祈ってみよう〟と思いつきました。そこで布団の中で手を合わせ、

「主人は神の子、実相円満完全。咳はすぐに治まります。ありがとうございます」

と祈りました。二十回ほど唱《とな》えた頃でしょうか。主人の咳がピタリと止まったのです。

しかし私は、〝治まった〟とは信じ難く、〝またすぐに出るかもしれない〟と、なおも祈り続けました。すると、なんと主人はグーグーいびきをかいて眠ってしまったのです。

〝祈りがきかれたんだ！〟――私は驚きと感動で、しばらく眠ることができませんでした。

こんな風に、「神の子の人間に病気はない」という生長の家の教えが証明されるようなことが、次々と起こったのです。

美奈は鼻炎ぎみで、風邪をひいたり少し寒くなったりすると、すぐに鼻詰まりを起こしていました。ひどいときには、夜中に息苦しくて飛び起きるほどでした。病院に通いましたが、一時しのぎにしかならず、また風邪をひくと鼻が詰まる…ということを何度も繰り返していたのです。山川さんに相談すると、

「美奈ちゃんの鼻に感謝しなさい」

と言われました。そこで私は、〝どうせなら全身に感謝しよう〟と思い、美奈と由理を寝かしつけるときに、「賢い頭さん、ありがとう」「息をしてくれて、いい匂いを嗅《か》ぐことができて、鼻さんありがとう」「かけっこが早い足さん、ありがとう」という風に、頭のてっぺんから足の爪先まで、順々にさすりながら感謝し、お礼を言うようにしたのです。すると、いつの間にか美奈の鼻炎はピタッと治ってしまいました。由理も、よく高

熱を出しては病院に駆け込んでいたのですが、「熱が出るのは、体が悪い菌《きん》と一所懸命闘っている証拠だから、大丈夫」と教わってからは、病気への恐怖心も消え、病院に行かなくても安心していられるようになりました。むしろ薬を飲んでいた頃よりも、治りが早くなったようです。今では家族皆が病気知らずです。

先日、中学三年になった早岐が、「お母さん、変わったよね。前のままのお母さんだったら、私、今頃不良になっちゃってたかもしれない」と、しみじみ言っていました。

生長の家に入信することに反対していた主人も、「女房が良くなってきたんだ。君の奥さんも、ウチのと一緒に母親教室に行かせたらいいよ」とまで、友人たちに話すほどに…。

私自身、一切の不安や焦《あせ》りから解放されて、とても気持ちが楽になりました。「神様の世界に不幸や困難はない。幸福な今の生活こそが本当なのだ」という実感に充《み》たされ、すべてに感謝の日々を過ごしています。

(平成七年一月号　撮影/中橋博文)

家族の〝愛〟に支えられている私。周囲に〝愛〟を返して生きていきたい

岩手県滝沢村　川村《かわむら》ツル子《こ》（46歳）

死ねば楽になる

私の母は、後妻でした。父には先妻との間に五人の子がありました。後妻の母から生まれた私たち姉妹とは異母兄弟になりますが、年齢が離れていて、私が物心つく頃には独立して家にはいませんでした。だから私は、母が苦労していた様子を覚えていません。異母兄たちは母に馴染《なじ》まず、母はたいへん苦労したようでした。そのため事あるごとに、「人間は死ねば楽になる。生きるのがつらくなったなら、死ねばいいのよ」と、私に言っていました。

母が嫁いだのは、戦後間もない頃。物が不足していて、食うや食わずの時代です。自分に懐《なつ》かない五人の子を抱え、どれほどつらく大変だったことか…。今なら、「母はと

ても苦しかったのだ。だから自分自身に、『死ねば楽になる』と言い聞かせて、その苦しみを凌《しの》いでいたのだ」と、わかります。でも幼かった私は、その言葉を聞かされる度《たび》に、「それなら私は、なぜ生まれてきたのだろう」と、暗く落ちこんでいきました。そして、いつしかそれは、「私は死ねばいいだけの存在だ。私には生きる価値がない」という劣等感に変わっていったのでした。

そんな私に、生きることの意義を教えてくれたのが、佐藤さんという、新婚当時住んでいたアパートの隣室の人だったのです。長男の貴《たかし》(23歳)が一歳になった頃、佐藤さんの子どもの英ちゃんと仲良くなったことがきっかけで、私たちは親しくなりました。

ある日、貴を連れて家に遊びに行くと、佐藤さんが、

「川村さん、人間は神の子なんですよ」

と話し始めました。

「人間は皆、神様から永遠の生命と無限の能力をいただいたすばらしい神の子なのです。肉体が死んでも魂は死にません。人間は、〝神の愛〟を具象化し、幸福になるために生まれて来るのですよ……」

家族の“愛”に支えられている私。周囲に“愛”を返して生きていきたい

「子どもを“さん”づけで呼ぶようになってから、家族同士、お互いに尊敬し合うようになりました」と川村さん

佐藤さんは、生長の家を熱心に信仰されている方だったのです。私は、佐藤さんの話に驚きましたが、同時に、その教えに深く感動しました。

「私は、死ぬためだけに生まれたんじゃない。神様から生命をいただいて生まれてきたのだ。私は、生きていてもいいんだ」

喜びが心の底から湧きあがってきました。

「人」という字は支え合って成り立つ

昭和五十年の春、私たちは滝沢村に家を建てて引っ越しました。しかし私は、その後も佐藤さんの家で開かれる誌友会や母親教室に参加し、生長の家の教えの勉強を続けたのです。

このころの私は、生長の家の教えを存分に吸収し、心の持ち方がどんどん良い方へ変化していった時期だったと思います。あるとき母親教室で、

「子どもは親の所有物ではありません。神様の子どもを預からせていただいているのです。子どもを呼ぶときは、神の子を呼ぶのですから〝さん〟をつけて呼びましょう」

という講話を聴きました。私はさっそくそれを実行しようと思いました。が、それまで呼び捨てにしていたのに、いきなり〝さん〟づけで呼ぶことは気恥ずかしく思えました。そこで家族が集まったとき、思い切って、

「こういうお話を聴いてきたので、これからあなたたちを〝さん〟づけで呼ぶからね」

と宣言したのです。子どもたちは、「えーっ」という顔をしましたが、主人が、

「お母さんはお前たちを尊敬して、そう呼びたいんだって」

と言ってくれたのです。その一言で、子どもたちも抵抗なく受け入れてくれ、遠慮なく「貴さん」「大樹《ひろき》さん（次男・20歳）」と呼ぶことができるようになりました。ただ、三男は赤ちゃんだったので〝君〟づけになり、今でも「拓矢君（13歳）」のままですが…。

〝さん〟づけで呼ぶようになってから、私の中で、子どもたちへの気持ちが変わっていきました。それまでは、「自分の子なのだから、自分がしっかり見ていなければ」という思いがありました。それが、「神様の子なのだから、悪くなるはずがない」という風に、子どもたちへの信頼が強まったのです。そして家族同士、お互いに尊敬し合うよう

になり、家の中がいっそう明るく和《なご》やかになりました。

昭和五十三年に父が亡くなると、母の身の振り方が問題になりました。異母兄たちにとって、母は他人です。が、母と血のつながった子どもは女ばかり。既にみな嫁いでいました。行くあてのなくなった母に、主人は「家へ来てもいい」と言ってくれました。それで母は、しばらく私の家にいましたが、その後、姉妹で話し合い、母の希望通りに、私のすぐ下の妹の家に落ち着くことになりました。

それから数年後のことです。主人の母が、同居している長男の嫁とケンカして、我が家に居たことがありました。ところが一週間ほどして、突然帰ってしまったのです。ずいぶん急だったので、

「お祖母ちゃん、どうして急に帰ったの？」

と、主人に尋ねました。すると、

「お前がね、子どもたちと、『お祖母ちゃんはいつ帰るんだろう』と話しているのを聞いていたんだよ」

と言うではありませんか。私は驚いて、

「小さい声で話してたのに。お祖母ちゃん、耳が遠いんじゃなかったの？」

と問い返すと、主人はつらそうな顔で、

「俺も、お前のお袋さんにそういう思いをさせていたんだろうか…」

と言うのです。

ハッとした私に、中学生だった次男が言いました。

「お母さん、『人』っていう字は、左側がお父さんで右側がお母さんなんだよ。お互いに支え合って成り立っているんだ。お母さんが裏切ったら、お父さんはコケちゃうんだよ」

独りで生きているのではない

三男が幼稚園に入園して、子育てから手が少し離れた頃、昼間の時間帯だけのパートに出ました。最初は順調で、楽しく仕事をしていました。ところが、職場の一人との間がギクシャクし出したのです。理由はまったくわかりませんでした。

仕事上のことならまだましなのですが、そうではなく、全然身に覚えのないことで責められたりするのです。まるで八つ当りをされているようでした。思いあまって主人に相談すると、「そんなことなら、無理に働く必要はないよ」と言ってくれたので、やめてしまいました。しかし、「なぜ、私があんな仕打ちを受けなければならなかったのだろう」と思うと、釈然《しゃくぜん》としません。日に日に、その人への憎悪が強くなっていきました。自分でも戸惑うほど、そのことばかりを考え続けていたのです。すると右目が見えなくなり、なんと目玉が飛び出してしまったのです。病院で検査しましたが、原因がはっきりせず、入院することになりました。しかし私は、子どもたちを残して入院する気になれません。主人にそう言うと、

「家のことは心配するな。俺は『クレイマー、クレイマー』*でがんばるし、子どもたちにも、近所の人に聞かれたら『お母さんは温泉に行っている』と言わせるから」

と言ってくれたのです。私は安心して入院しました。主人は、言葉通りにがんばってくれました。そのうえ、同じ病室の人たちに、「今日はまだなの？ そろそろ来る時間よね」などと冷やかされるほど、毎日見舞いに来てくれたのです。私は、主人のためにも、早くこの不可解な病気を治そうと思い、頭痛と目の痛みをこらえて、聖経『甘露の

法雨』を誦《あ》げ続けました。また、「この病気は人を憎んだ私の心の影だ」と考え、元の職場の人を赦《ゆる》そうと努めました。

その甲斐あって身体が元に戻り、退院できたのは一ヵ月半後のことでした。病院から帰って家に入った途端、主人が、

「子どもたちがよくやってくれたよ」

と言いました。主人の言葉と、子どもたちの笑顔を見たとき、私は、

「独りで生きているのではない。家族や周囲の人たちに支えられ、生かされているのだ」

と感じたのです。

「これから私は、私が受けた〝愛〟を、皆に返して生きていこう。周囲の人たちが私に望んでくれることは、喜んでお引き受けしよう。そして、精一杯《せいいっぱい》尽くしていこう」

そう思いました。

まず私が家族のためにできること――それは、運転免許の取得でした。私たちが住んでいるところは交通の便が悪く、バスを乗り継がなければ盛岡駅に出られないのです。以前から主人は、

「お前が免許を取ってくれたら、仕事で遅くなったときなどに送り迎えをしてもらえて、ラクなのにな」

と言っていたのです。私は車の運転は恐ろしく、とてもそんな気になれないでいました。しかし、「何より先に主人が望んでいることをしよう」と思った私は、すぐに教習所に通い始めました。途中、恐怖感から先へ進めなくなったこともありましたが、その後は順調にいって、ぶじ運転免許を取ることができました。そのおかげで、主人の送り迎えはもちろん、岩手教区の生長の家白鳩会の仕事も、気軽に手伝えるようになりました。それまでは、教化部に行くのが大変で、なかなかできなかったのですが…。現在は、皆さんに望まれるまま、白鳩会での役職を務めさせていただいています。

いま私は、こうして、ささやかながら家族や周囲の人たちのお役に立って生きていけることに、心から感謝の日々を過ごしています。

（平成七年六月号　撮影／原　繁）

＊『クレイマー、クレイマー』＝映画のタイトル。妻が家を出て行ったために、息子の面倒を見ることになった男性が主人公の物語。

夫は筋無力症、子供は喘息。その窮地を救った求めることなく与える愛

長崎県諫早市　福田祥子《ふくださちこ》（35歳）

「私が生長の家と出合えなかったら、今の家族の喜びはなかったでしょう。私は、愛は与えられるものだと思っていましたが、生長の家の教えで、愛は与えるものであると知りました」――とおおらかに語る祥子さん。だが、ほんの二、三年前までは恋愛して結婚した夫なのに、信頼できず、その夫は「重症筋無力症」で子供は二人とも喘息《ぜんそく》で苦しんでいた。

私は福岡県で生まれました。肢体障害者に役立つ仕事がしたいと思い、長崎でリハビリテーションを学びました。主人と初めて会ったのは受験の会場でした。長崎弁で周囲の人達と快活に話していたのが印象的でした。学友として交際し、それが淡い恋にふくらみました。彼は男性的で眉目秀麗《びもくしゅうれい》、明るい性格で、誰からも好感を持

たれました。卒業する時に二人とも「作業療法士」の資格を取得しました。

彼は佐賀県の病院に勤め、私は肢体不自由児施設に三年間勤めたあと、福岡県行橋市《ゆくはし》の実家から通える病院に移りました。その後しばらく離れていましたが、彼は行橋市に近い大分県中津市の病院に転勤してきてくれました。

そして、平成六年に彼の出身地の長崎市で結婚式を挙げました。新婚生活は私の両親が住む、福岡県行橋市でスタートしました。それぞれ今まで勤めていた病院で作業療法士を続けました。

私は、主人に愛されているという実感のある新婚生活を夢見ていました。ところが新婚早々から、期待が裏切られました。主人は交友関係が広く、帰宅時間は不規則で深夜に帰ってきて二、三時間の仮眠を取って出勤ということがたびたび。泊まってくることもありました。会話の時間も少なく、私は不満で愚痴《ぐち》ばかりこぼしました。

「愛されたい」と思いながら実感のない日々が空しく過ぎて行きました。

結婚翌年の三月のある日、私の職場に、主人の職場から電話がありました。「ご主人が辞表を机の上に置いて欠勤しています。何があったのですか？」――――。

「一家が健康になり、明るい笑い声が絶えなくなったことがうれしい」と
祥子さん。右端がご主人の光毅さん

寝耳に水で、急いで家に帰って洋服ダンスを開けると、主人の洋服は一着もありません。私には何も告げずに家出したのです。パニック状態になった私は主人の実家に電話しました。実家にはいませんでしたが、主人の両親は「気を落さないで、待っていなさい」とやさしく励ましてくれました。私は泣きながら「主人から連絡が入ったら、私が悪かったのです。ごめんなさいと伝えて下さい」とお願いしました。

一週間後に主人から電話がありました。私は「もう一度やり直したいから、会って下さい」とお願いしました。主人の家出の原因は、やはり私の愚痴でした。毎日のように聞かされると、家に帰るのも億劫《おっくう》になり、逃げ出したいのをがまんしていたそうです。しかも、私は共働きだから主人に対して驕《おご》る気持ちもあったと反省しました。

これからは何でも主人に相談し、愚痴も言いませんと誓いました。私は勤めをやめて専業主婦になり、主人の故郷・長崎で再出発しました。ところが、家出されたという悲しみは、心の奥底に引っかかり、主人に心から安心と信頼、尊敬ができなかったのです。

夫の病気、子供の病気

平成八年に長男、十年に長女が誕生しました。ところが長女を出産した翌年ころから、主人がたて続けに自動車事故を起こしました。人命にかかわることはなかったのですが、マブタが下がる目の異常と、握力が子供なみに落ちたのが原因でした。

病院で精密検査を受けると「重症筋無力症」と診断されました。ガーンと金槌《かなづち》で殴られたようなショックで、私は落ち込みました。そして「両親には言わなくていい。心配するな」と強い薬を服用しながら、夜遅くまで気力で働いてくれました。

その頃から当時、四歳と二歳の長男と長女が喘息《ぜんそく》で交互に入院するようになりました。発作が起きると、呼吸困難で顔面が蒼白となって苦しむわが子が痛々しくて、私の胸も張り裂けそうでした。一回の入院は一週間ほどでしたが、私は病院に泊まり込んで看病。家に残した子供は、主人の両親に面倒を見てもらいました。

そんな心身ともに疲れ切った私に救いの手が差しのべられました。平成十二年二月、家のポストに生長の家の月刊誌『白鳩《しろはと》』と『理想世界《りそうせかい》』*が入っていました。ページをめくっていますと、そこには、

「人間は神の子なんです。仮に病気が現われることがあっても、あなたは〝病人〟にな

ってはいけません。神の子は本来病なしで、健康なのが本当の姿なのです。だから、あなたは大丈夫。すべての人や物に感謝して、心を明るく持つことが大切ですよ。感謝したときに、そこに神様が現われます」

と書いてありました。私は思わず活字の横に線を引きました。私の心に明るい光がパッと差し込んだからです。

また、生長の家には『甘露の法雨』というお経があって、そのお経本の冒頭に〈汝《なんじ》ら天地一切のものと和解せよ。天地一切のものとの和解が成立するとき、天地一切のものは汝の味方である。天地一切のものが汝の味方となるとき、天地の万物何物《ばんぶつなにもの》も汝を害することは出来ぬ〉とある、と書かれていました。さらに〈汝らの兄弟のうち最も大なる者は汝らの父母《ちちはは》である。神に感謝しても父母に感謝し得ない者は神の心にかなわぬ。天地万物と和解せよとは、天地万物に感謝せよとの意味である〉とありました。

父や母に、私は感謝をしたことがあっただろうか？　主人や子供に感謝したことがあっただろうか？　と反省しました。「やっぱりそうなんだ」と思うと同時に、主人に対する不安がなくなり、感謝の思いで胸に熱いものがこみ上げてきました。さらに、力強い文章が掲載されていました。

〈病気と思うから病気になるのであって、病気は忘れたときに消える。病気の奴隷になるのだけはやめよう。常に健康を思おう〉

読めば読むほど希望が見えてきました。

「これだったら子供の喘息も治るかもしれない！」と明るい気持ちになって、さっそくその雑誌の裏に押されていた印を見て生長の家諫早《いさはや》道場に電話をしました。

数日して二人の女性が訪れ、「母親教室」と「先祖供養祭」に誘われました。私はこれで救われると思い、ためらうことなく出席しました。続けて、教化部で開かれている短期練成会にも参加しました。

いつも二人の子供を連れて行きました。話の内容は分からなくても、子供の魂に届くと言われたからです。子供たちも会場の明るい雰囲気が大好きでした。顔見知りの信徒さんもできて、「よくがんばったわね」と誉《ほ》めてくださり、中には抱きしめてくださる人もいました。そのたびに嬉《うれ》しくて涙が出ました。「これが生長の家だ。これからは主人を誉めよう。子供を誉めよう」と教わったことを実践しました。

今までは主人を束縛していたから主人も苦しく、私も苦しかったのだ。本当の愛は与えるものであり、放《はな》つものであると勉強しました。子供の病気を、私はしっかり心で掴《つか》んでいたのです。咳《せき》をすると「早く家に入りなさい」と叱《しか》り、夜中にも布団をはいでいないだろうか、と何度も起きました。心配することが母親の愛だと思っていましたが、すべては私の取り越し苦労でした。

それで喘息も「放つ」ことにしました。少しぐらい咳をしても「人間は神の子だから病いはない」と強く念じました。「神想観《しんそうかん》*」を続け、聖経『甘露の法雨』を読誦《どくじゅ》しました。今では、喘息の薬もほとんど必要がなくなりました。

主人の病気は症状が出たり出なかったりで、仕事でお年寄りと話しているときにマブタが下がって困ったこともあったそうです。医師から「次に同じような症状が出たら検査入院」と言われたりしながらも、私にはほとんど何も言わずに、なんとか乗り切ってくれました。

わが家は明るく輝く

私が生長の家を信仰するのを、誰よりも喜んでくれたのは主人でした。「真理を学ぶのはいいことだ」と賛成して、「自分に与えられた使命を喜んで受けなさい」と言ってくれたのです。すごい主人だとあらためて尊敬しました。私にとって使命とは何だろうと考えました。

調和のとれた楽しい家庭をつくることの他に、生長の家を人々に伝えることではないかと思いました。それで昨年九月に、自宅を開放して「母親教室」を開かせていただきました。病気で悩んでいる近所の方に、生長の家の月刊誌を持ってお見舞いに行き、母親教室にお誘いしました。

その年の三月、主人は勤めていた老人保健施設を退職し、長い間の夢であった「整体治療院」の開業を決めていました。私は「あなたなら大丈夫！」と祝福しました。開業は八月で、その間、主人が毎日家にいるだけで、私はとても嬉しかったのです。

しかも、準備期間中の五月に、主人が病院で精密検査を受けると「異常なし」と診断されました。もうその当時は開業の準備に追われていて病気のことはすっかり忘れていたので、思いがけないプレゼントのようでした。開院した治療院には、大勢の患者さんが来てくれます。主人の技術も評判ですが、何よりも明るくて楽しい人柄が好評のようです。

もう、帰りが遅くても何の心配もしていません。心から信頼できるからです。朝は「行ってらっしゃい」と合掌して見送り、夜もどんなに遅くても「お帰りなさい。お疲れさまでした」と合掌して迎えています。

あれこれと思い悩んだ過去は、私の心が主人のすばらしさを曇らせていたのです。長男はスポーツが大好きで、陽やけして健康そのものです。勉強は算数が得意です。人にやさしく、妹の面倒もよく見てくれます。仲よい二人を見ながら、私のすばらしい宝物に感謝しています。

（平成十四年十二月号　撮影／中橋博文）

*『理想世界』＝生長の家の青年男女向けの月刊誌。

*神想観＝生長の家独得の座禅的瞑想法。谷口清超著『神想観はすばらしい』、谷口雅春著『新版　詳説　神想観』（いずれも日本教文社刊）参照。

祈りと和顔・愛語・讃嘆で苦悩の生活から光の中へ

福岡県糸田町　徳和春美《とくわはるみ》（52歳）

恨みと憎しみの心のままに

私の最初の結婚は二十四歳のとき。二十九歳で離婚するまでの五年間は、まさに生き地獄のような日々でした。結婚して二十日目から始まった夫の激しい罵倒《ばとう》と暴力。歩いて三十分ほどのところにある実家に、何度泣きながら帰ったかわかりません。そのたびに母は、「一度嫁《とつ》いだら女は辛抱《しんぼう》しなくちゃいけん」と私を婚家に連れ帰り、両手をついて夫と姑にあやまるのです。

実は私は二十六歳のときに、仲人《なこうど》でもある夫の叔父から、〝生長の家〟のことを知らされていました。しかし、結婚当時の私としては、〝暴力をふるう夫に感謝しなければならないなんて、とんでもないことを言う教えだ〟と反撥《はんぱつ》している間に、「女に経済力があると、夫に従わなくなる」との理由で、仕事（地方公務員）も無理やり辞《や》めさせられてしまったのです。

それでも五年の間に二人の男の子を授《さず》かりましたが、二回とも命にかかわるほどひどい難産でした。晩期妊娠中毒症、胎盤癒着《ゆちゃく》、過強陣痛、赤ちゃんの旋回異常による顔面位…。そのため、初産《ういざん》は帝王切開。二回目のお産は、胎盤癒着のため用手剥離《ようしゅはくり》。

肉体も環境も、すべて心の状態のままに現われるということが、今ならよくわかります。夫を恨《うら》み、裁《さば》き、そして、〝母から離れたくない〟とばかり思って泣き暮らしていた私の心が、かたちを変えて現われてしまったのでしょう。〝この人とはもうやっていけない〟。二人の子の母となっても、私はずっと強く思い続けていました。思念というのも〝コトバ〟です。その〝コトバ〟通りの別れがとうとうやってきました。

夫婦仲は冷えきっていたというのに、夫の気まぐれから三度目の妊娠。四ヵ月のとき、どこかに外泊し、〝朝帰り〟した夫に、弁当をつめていなかったことに因縁をつけられ、気を失うほど暴力をふるわれました。お腹を蹴《け》られ、頭もボコボコに。五歳と二歳の子を乳母車《うばぐるま》に乗せ、荷物をまとめ、まるで牛が鳴くような声で泣きながら、私はまた実家に戻《もど》りました。その二日後、流産…。お岩さんのように腫《は》れ上がった顔の

「人に愛を与えるということは、なんて素晴らしいことでしょう」と春美さん。ご主人の幸人さんと共に

まま、小さな命が消えたことに茫然《ぼうぜん》とする私に、もう母は、婚家に戻れとはいいませんでした。何日かして実家を訪ねてきた姑は、「あんたのようなつまらん女に、大事な孫は渡さん！　田畑を売ってでも二人の孫は立派に育ててみせる」と。「死んでも子どもは手放しません」といい張っていた私でしたが、冷静に子どもたちの将来を考えてみると、あの子たちが本当に幸せになりそうな方を選ぶのが母親ではないか、と思えてきたのです。

まもなく、身を引き裂《さ》かれるような別れのときがやってきました。「おうち（婚家）に帰ったら、ケーキと新しいお靴があるんだって。早く帰ろうよ」。何も知らず夫に連れられて出ていく子どもたちの声を、私は裏庭に隠れて歯を食いしばって聞いていました。声が聞こえなくなると、信仰心もない私でしたが、仏壇のある部屋に駆《か》けこみ、「じいちゃん、助けて、助けてーっ」と、亡き祖父に向かって、声を限りに泣き叫び続けていました。

第二の人生にも絶望して

「今、春美さんは、セメントの上に叩《たた》きつけられた生卵《なまたまご》のような状態になっている。たまるもんか！　だまされたと思って、私についてこさせなさい」。離婚してボロボロになっていた私に救いの手を差し延べてくれたのが、ご近所に住んでいた日高達夫さんでした。日高さんは、当時、生長の家の相愛会長*をしておられたのです。そして、連れていかれたのが、生長の家ゆには練成道場*で開かれていた十日間の練成会でした。

「いかに自分が肉体的・精神的に傷つこうとも、すべてを奪われようとも、相手を無条件に許し、なお、相手の実相を祈らせていただく〝本源の愛〟がある」

谷口雅春《まさはる》先生（生長の家創始者）の言葉は、そのときピンとはこなかったのですが、なぜか心に印象深く残りました。後でしみじみと実感できるようになるのですが……。

練成会から帰ってくると、これ以上両親を悲しませないためにも自立しなければという気持ちが大きくなり、猛勉強を開始して、三十歳で看護学校の試験を受けて合格。二年後に無事卒業し、看護婦として正式に勤められるようになりました。そしてまもなく、いまの夫との縁談が持ち上がったのです。前年奥さんを肝臓癌で亡くした、マジメな西鉄バスの運転手。小学五年生と三年生の女の子、四歳の男の子の、三人の子持ちだとのこと。きっと苦労する、と、反対の声もありました。が、それまでに何度か練成会に参加し、前向きになりつつあった私には、なんだかこの縁談が神さまの御心《みこころ》そのもののように思われ、思いきって受けることにしたのです。

〝きっとしあわせになれるはずだわ！〟

ところが希望に胸ふくらます私を待ち受けていたのは、先妻さんが生前、競輪競馬によってつくった六百万（昭和四十九年当時）もの借金でした。家も車も取られ、給料も差し押さえられ、ギリギリの生活をしている社宅に、毎晩やってくるサラ金業者の物凄《ものすご》い取り立て。「キサマ、人からゼニ借りといて返さんとは何ごとか！」。鉄の扉をガンガン叩《たた》く恐ろしい罵声《ばせい》を聞きながら、茫然《ぼうぜん》とする私。ペコペコと頭を下《さ》げる夫。震《ふる》える子どもたち…。三人の子の上に、さらに家出している二人の子がいるということもわかり、いろいろと秘密にしていた夫が憎らしくて仕方なく、生長の家のみ教えもどこへやら……。きっと私は、もろに不満を顔に出していたのでしょう。小学生の二人の娘は、なかなか私になついてくれず、それどころか財布からこっそりお金をとっていったり、平気な顔で嘘《うそ》をついたり。〝今度こそは！〟と思ってスタートした第二の人生が悔《く》やまれ、涙がこぼれました。

愛のコトバで光の世界へ

「先生、どこまで私をお試《ため》しになるんですか」

辛《つら》さが頂点に達したある日、額《がく》の中の谷口雅春先生のお写真に向かって私は泣き伏し、わが身を呪《のろ》いました。しかし、泣くだけ泣いたあと、先生の優しいまなざしをジイッと見つめているうちに、先生のお顔と、今まで私を指導してくださった多くの講《せん》師方《せいがた》のお顔が重なって見えてきたのです。〝あなたにはまだ、夫と子どもに愛を与える使命が残っているのですよ〟とおっしゃってくださった声。次に、悲しそうな両親の顔、そして、残してきた二人の子どもたちの顔。その顔がだんだんと、今手もとにいる三人の子の顔に変わって見えてきたのです。その瞬間！

「ああ、二人の子どもたちは、ある日突然母親がいなくなって、どれだけ私を呼び泣いたことだろう。この、三人の子たちだって同じ。お母さんに死なれ、お姉ちゃん、お兄ちゃんにも出ていかれ、どれほど心細いことか。反撥したり、注目されようとするのも、愛に飢《う》えているという気持ちの現われじゃないか。そんなこともわからなかったなんて。それに、一番辛いのは夫だったのだ。それなのに私は、また心の中で裁いてしまっていた…」

私は自分の愚《おろ》かさに、声なき声で気づかせていただいたのです。〝もう、決して泣き事なんか言わない！〟。本当の妻となり、母となるための勉強が始まりました。子どもたちのさびしさに気づいたその日から、私は毎晩一人ずつ腕枕《うでまくら》をして、一緒のふとんで眠ることにしたのです。必ず〝お父さんのすばらしさ〟を語り聞かせながら。また、「今日は、元気にきれいな声でお返事してくれたね。さすが神の子。すばらしいねえ」などと、一人ひとりの良いところを見つけては讃嘆し続けました。

讃《ほ》める方向へ子どもは伸びる。この真理を私は目の当たりにしました。三人の子たちは、その日を境にみるみる変わり始めたのです。お金を取ることも嘘をつくことも、いつの間にかなくなりました。生長の家の小学生練成会にも姉弟そろって行くといい、帰ってきてからはすぐに、声をそろえて「お父さん、お母さん、ありがとうございますっ」

ため息ばかりつきながら仕事に出かけていた夫に対しては、最初私は、〝女優〟になった気持ちで明るくこういいました。「お父さん、借金がなんね！　お父さんは、バスの運転さえしっかりしてくればいいのよ。家のことは全部私にまかせなさい。あとは神さまがいいようにしてくれるから」。そして、ニッコリ笑って、糸クズを取るまねをしながらそっと肩にさわってみたり。私の変化にびっくりした夫の顔。急に玄関先で二、三度身震《みぶる》いをしたかと思うと、「よーっし。俺《おれ》は、働くぞーっ」と大声で叫び、社宅の階段をピョンピョン飛び下りていき、道路に出ると、なんとスキップしながら駆けていったのです。あの後《うし》ろ姿を見たときの感動。人に愛を与えるということは、こんなにもすばらしいことなのか。芝居などではなく、私は心底喜びにふるえたのです。〝コトバの力〟というのは、なんてすごいのでしょう！

看護婦としても力の限り働き、また、一家の主婦として、売りものにならない大根の葉をもらってきておかずにしたり、鰯《いわし》を安いときにたくさん買ってきてミンチにして冷凍したり、といった食費を切りつめる工夫も楽しみながらやれるようになりました。家庭は明るい会話が増え、無我夢中で二年半が過ぎたとき、借金はすべて返済し終り、その上、二百万円もの貯金が手もとに残ったのです。その頃には、こんなにすばらしい夫と子どもを授けてくださった先妻さんにも、私を磨《みが》き、魂を向上させてくださったサラ金業者の方にも、感謝の祈りを捧《ささ》げられるようになりました。

苦難と思《おぼ》しきことは、すべて私のためだった。そう教えてくれたのは、もとをたどれば、前夫や姑でもあるのです。〝本源の愛〟。私にはやっと、谷口雅春先生のあのお言葉の意味がわかったような気がしたのでした。

小学校五年生だった娘は、現在、三十歳。看護婦として生き生きと働いています。あの子が中学二年生のときに、「私も母のように、看護婦になりたい」「今の母はいいます。〝恨みを感謝に変えなさい。そして今、現在を喜びなさい。今を喜べない人は、死ぬまで幸せを追い求めても、幸せに気づかず、不足ばかりの人生を過ごすのよ〟と。…私は親が勝手に私を生んだと思っていたけど…亡くなった母に感謝することを今の母から教えられました」と書いてくれた作文は、今でも私の宝物。小学三年生だった娘は、穏《おだ》やかで素敵な奥さんに。幼稚園児だった息子は、神奈川県の小田原市で板前修業と、それぞれ立派に成人してくれました。

その下に私は、現在高校三年生の娘に恵まれましたが、この子も、登校拒否など、いろいろな問題をクリアし、今、看護婦になりたいと頑張ってくれています。一時期私は、子どもに執着しすぎる愚かな母親になっていたのですが、そのときも、生長の家のみ教えによる〝放つ愛〟によって救われました。

今の私の生活は、夜勤明けや休日もほとんど生長の家の活動にはげむ毎日。眠らなくても全然平気。嬉《うれ》しくて、楽しくて、自分でもどこからそんなエネルギーがあふれでるのか不思議なくらいです。世の中に、かつての私のように、真理を知らないがゆえに苦しんでいる人がおられると思うと、いてもたってもいられません。私も、もし生長の家を知らないままだったら、未だに自分の運命を呪い続けているかもしれないのです。一人でも多くの方に真理をお伝えしたい…これからも身を粉《こ》にして、私の余生のすべてを生長の家に捧げていくつもりです。

（平成六年二月号　撮影／田中誠一）

＊相愛会長＝地域における生長の家の男性のための組織の責任者。
＊生長の家ゆには練成道場＝巻末の「生長の家練成会案内」を参照。

教化部名	所　在　地	電話番号	FAX番号
静岡県	〒432-8011　浜松市城北2-8-14	053-471-7193	053-471-7195
愛知県	〒460-0011　名古屋市中区大須4-15-53	052-262-7761	052-262-7751
岐阜県	〒500-8824　岐阜市北八ッ寺町1	058-265-7131	058-267-1151
三重県	〒514-0034　津市南丸之内9-15	059-224-1177	059-224-0933
滋賀県	〒527-0034　八日市市沖野1-4-28	0748-22-1388	0748-24-2141
京　都	〒606-8332　京都市左京区岡崎東天王町31	075-761-1313	075-761-3276
両丹道場	〒625-0081　舞鶴市北吸497	0773-62-1443	0773-63-7861
奈良県	〒639-1016　大和郡山市城南町2-35	0743-53-0518	0743-54-5210
大　阪	〒543-0001　大阪市天王寺区上本町5-6-15	06-6761-2906	06-6768-6385
和歌山県	〒641-0051　和歌山市西高松1-3-5	073-436-7220	073-436-7267
兵庫県	〒650-0016　神戸市中央区橘通2-3-15	078-341-3921	078-371-5688
岡山県	〒703-8256　岡山市浜1-14-6	086-272-3281	086-273-3581
広島県	〒732-0057　広島市東区二葉の里2-6-27	082-264-1366	082-263-5396
鳥取県	〒682-0022　倉吉市上井町1-251	0858-26-2477	0858-26-6919
島根県	〒693-0004　出雲市渡橋町542-12	0853-22-5331	0853-23-3107
山口県	〒754-1252　吉敷郡阿知須町字大平山1134	0836-65-5969	0836-65-5954
香川県	〒761-0104　高松市高松町1557-34	087-841-1241	087-843-3891
愛媛県	〒791-1112　松山市南高井町1744-1	089-976-2131	089-976-4188
徳島県	〒770-8072　徳島市八万町中津浦229-1	088-625-2611	088-625-2606
高知県	〒780-0862　高知市鷹匠町2-1-2	088-822-4178	088-822-4143
福岡県	〒818-0105　太宰府市都府楼南5-1-1	092-921-1414	092-921-1523
大分県	〒870-0047　大分市中島西1-8-18	097-534-4896	097-534-6347
佐賀県	〒840-0811　佐賀市大財4-5-6	0952-23-7358	0952-23-7505
長　崎	〒852-8017　長崎市岩見町8-1	095-862-1150	095-862-0054
佐世保	〒857-0027　佐世保市谷郷町12-21	0956-22-6474	0956-22-4758
熊本県	〒860-0032　熊本市万町2-30	096-353-5853	096-354-7050
宮崎県	〒889-2162　宮崎市青島1-8-5	0985-65-2150	0985-55-4930
鹿児島県	〒892-0846　鹿児島市加治屋町2-2	099-224-4088	099-224-4089
沖縄県	〒900-0012　那覇市泊1-11-4	098-867-3531	098-867-6812